Les plus belles

LÉGENDES D'ANIMAUX

Les plus belles
LÉGENDES D'ANIMAUX

Textes :
Viviane Koenig
Claire Jobert

Illustrations :
Véronique Ageorges
Claire Jobert
Viviane Koenig
Daniel Hénon
Serge Strosberg

De La Martinière
Jeunesse

Tous les enfants du monde aiment les animaux. Du ver de terre à la coccinelle, de l'éléphant au koala, du dauphin au ouistiti, ils embellissent tous notre vie et nous intriguent. À la maison, ils font partie de la famille. Dans les jardins, ils nous amusent. À la ferme, ils nous nourrissent. Dans les forêts, les déserts ou la jungle, ils nous fascinent ou nous effraient par leur férocité et leur force redoutable. Quant aux animaux fabuleux, dragons et monstres terrifiants, ils vivent au fond de nos cœurs.

Au fil des siècles, les hommes se sont transmis des récits religieux, populaires ou littéraires où les animaux jouent le premier rôle. Habiles et beaux parleurs, ils aident les hommes, les ridiculisent ou les aiment. Pour découvrir leurs aventures et apprendre à mieux les connaître, cet ouvrage a rassemblé pour vous les plus belles légendes d'animaux.

Aimez, admirez et respectez Dieu qui sauve Noé et tous les animaux de la Terre dans une arche gigantesque.

Écoutez les conseils astucieux d'une hirondelle de Mongolie et d'un âne pas très futé. Prenez partie dans la querelle opposant deux oiseaux africains. Sachez pourquoi les chats habitent les villes et pourquoi les singes ressemblent aux hommes. Découvrez pour quelle raison l'aigle mange du serpent et non de la chair humaine. Pleurez avec Io et complimentez le paon sur sa belle queue. Admirez ce lièvre astucieux qui trompe la mort. Plaignez la vache et l'âne qui travaillent tant. Tremblez face au dragon à huit têtes ou au terrible Minotaure.
Vous n'aurez pas un instant de répit en découvrant leurs aventures ! Dans les pays chauds ou dans les pays froids, ces animaux nous ressemblent tant qu'on ne peut s'empêcher de sourire, de rire, de trembler et de s'amuser avec eux. Ils nous donnent envie de tourner la page, de lire encore, de s'imprégner des images pour mieux rêver...
Dévorons ces histoires seuls ou à plusieurs et, tous ensemble, partons au pays des animaux.

LES ANIMAUX À L'ORIGINE DU MONDE :

LES RUSES DES ANIMAUX :

LES ANIMAUX FABULEUX :

illustré par
VIVIANE KOENIG

L'ARCHE DE NOÉ

Un jour lointain, Dieu voit que les hommes sont devenus méchants et injustes. Ils passent leur temps à se battre, à commettre de mauvaises actions, à s'entre-tuer. Dieu discute en son cœur et décide d'en finir avec ce monde, d'effacer de la surface de la Terre les hommes mais aussi les bêtes sauvages, les bestiaux, les bestioles qui rampent, les oiseaux du ciel, tout ce qui grouille sur Terre. Il regrette de les avoir créés.

Un homme, un seul, trouve pourtant grâce à ses yeux. Dieu lui dit :

– Tout ce qui vit sur Terre périra ! Mais toi, Noé, je te sauverai car tu es juste, généreux et bon.

Construis une arche en bois résineux et en roseaux. Enduis-la de bitume. Qu'elle ait trois étages, qu'elle mesure 300 coudées de longueur, 50 de largeur, 30 de hauteur, qu'elle ait un toit solide et une entrée sur le côté… Remplis-la de nourriture à ras bord. Quand le moment sera venu d'y entrer avec les tiens, je te préviendrai.

Noé le Sage obéit à Dieu. Il prépare l'arche puis attend.

Dieu dit à Noé :

– Bientôt les eaux du déluge vont se déverser sur la Terre. Monte dans l'arche avec tes fils, ta femme, les femmes de tes fils, un mâle et une femelle de chaque espèce d'animal, bêtes sauvages, bestiaux, bestioles qui rampent, oiseaux du ciel et tout ce qui grouille sur Terre… Mais dépêche-toi car la pluie tombera dans sept jours. Noé le Sage obéit aux ordres de Dieu.

L'arche est pleine à craquer. Dieu ferme alors la porte de l'arche sur Noé et ouvre les écluses du ciel.

La pluie tombe.
Les eaux grossissent, soulèvent l'arche au-dessus de la Terre.
Les eaux montent encore, l'arche ballotte à la surface des flots.
Les eaux montent de plus en plus, recouvrent les hautes montagnes.
Hommes, bêtes sauvages, bestiaux, bestioles qui rampent, oiseaux du ciel et tout ce qui grouille sur Terre, se noient dans ce Déluge.
Seuls Noé le Sage, sa famille et leurs curieux compagnons restent en vie.

La pluie tombe ainsi pendant quarante jours et quarante nuits.

Puis Dieu se souvient de Noé, de l'arche et de ses passagers. Il fait souffler un vent violent et cesser la pluie.

Les eaux baissent lentement. Le septième mois, l'arche s'échoue sur le mont Ararat.

Les eaux continuent de baisser. Le dixième mois, les sommets des montagnes apparaissent.

Quarante jours plus tard, Noé ouvre la fenêtre et lâche le corbeau qui va et vient mais ne peut se poser nulle part. Alors, Noé lâche la colombe qui va et vient, mais ne trouve pas un seul endroit où poser ses pattes.

La pluie tombe ainsi pendant quarante jours et quarante nuits.

Puis Dieu se souvient de Noé, de l'arche et de ses passagers. Il fait souffler un vent violent et cesser la pluie.

Les eaux baissent lentement. Le septième mois, l'arche s'échoue sur le mont Ararat.

Les eaux continuent de baisser. Le dixième mois, les sommets des montagnes apparaissent.

Quarante jours plus tard, Noé ouvre la fenêtre et lâche le corbeau qui va et vient mais ne peut se poser nulle part. Alors, Noé lâche la colombe qui va et vient, mais ne trouve pas un seul endroit où poser ses pattes.

Elle revient vers l'arche car l'eau recouvre encore toute la Terre.

Sept jours plus tard, Noé lâche de nouveau la colombe. Elle revient au crépuscule, portant dans son bec un rameau d'olivier !

Noé comprend que la Terre est presque sèche. Il attend encore sept jours et lâche la colombe qui, cette fois, ne revient pas.

Ouvrez la porte ! Sortez ! ordonne Dieu aux passagers de l'arche.

Comme ils sont tous heureux de retrouver la Terre. Ils courent, sautent, gambadent, volent, rampent... tandis que Noé le Sage construit un autel pour remercier Dieu et lui faire des offrandes.

Satisfait, Dieu regarde Noé, ce vieil homme de 600 ans si bon, si sage, et accorde de nouveau sa confiance aux hommes. Il se dit dans son cœur :

– Je ne maudirai plus jamais
la Terre à cause des hommes,
plus jamais je ne frapperai
comme je l'ai fait.
Tant que durera la Terre,
semailles et moissons,
froidure et chaleur,
été et hiver, jour et nuit
ne cesseront plus.

Puis Dieu bénit Noé et ses fils et leur dit :
– Ayez des enfants, peuplez la Terre. Que tous les animaux, tous les oiseaux du ciel, tout ce dont la terre fourmille et tous les poissons des mers vous craignent et vous servent de nourriture. Mais ne les tuez pas sans raisons ! Je vous demanderai compte du sang de chacun, de l'âme de chaque homme. N'oubliez pas ceci : qui verse le sang de l'homme par l'homme aura son sang versé. Aujourd'hui, je conclus une alliance avec toi, Noé le Sage, et avec tous ceux de l'arche. J'ai concentré mon amour sur vous. Sur vous repose l'avenir de l'Univers tout entier. Il n'y aura plus de déluge sur Terre. Je vous le promets. Comme signe de cette alliance, je mets mon arc dans les cieux.
À cet instant apparaît un arc-en-ciel gigantesque aux sept couleurs délicieuses : rouge, orangé, jaune, vert, bleu, indigo, violet.

Depuis ce jour surgit parfois, surgit souvent, lorsque pluie et soleil se mêlent, un superbe arc-en-ciel. Ainsi chacun se souvient de l'histoire de l'arche de Noé.

LE CORBEAU ET LE DJIBILIKI

illustré par
DANIEL HÉNON

Corbeau et Djibiliki s'amusent dans le ciel d'Afrique du lever au coucher du soleil. Ils volent face au vent, jouent avec les gouttes de pluie, glissent sur les feuilles des bananiers ou descendent en piqué vers les cacaoyers en un doux bruissement d'ailes.

Ils oublient ce qui se passe sur Terre où la vie est bien dure.

Parés de bijoux étincelants, hommes et femmes à la peau noire regardent avec envie ces beaux oiseaux s'amuser. Ils n'ont guère le temps de se distraire : ils cueillent des baies et des fruits sauvages, déterrent des racines, chassent l'éléphant ou la gazelle.

– Comme il est difficile et dangereux de se nourrir ! soupirent-ils.

Quand leurs plats de terre cuite restent vides, les Hommes savent qu'il est temps de déménager. Ils abandonnent leurs huttes rondes entourées de buissons sans baies, d'arbres sans fruits, de terre sans racines, de fourrés sans gibier. Chargés de leurs maigres biens, ils marchent longtemps sous une chaleur accablante, jusqu'à un endroit plus accueillant où ils construisent de nouvelles huttes. Baies, fruits, racines et gibier abondent et le visage des Hommes s'illumine d'un large sourire.

Un beau jour, Corbeau décide de les aider. Il ramasse des feuilles de palmier, tresse un panier, le serre dans son bec et s'envole loin de la Terre, là où habite Dieu-Maître-de-la-Pluie. Il vole longtemps, malgré ses ailes douloureuses et ses pattes engourdies.

– Ô Dieu-Maître-de-la-Pluie, si tu es le créateur de tout, remplis donc ce panier de graines, demande Corbeau dès son arrivée.

Sans discuter, le dieu remplit, remplit, remplit le panier de fonio aux tout petits grains…

mais le fonio passe au travers du panier tressé et tombe sur Terre.

L'œil triste, la plume terne, l'air désespéré, Corbeau regarde son panier vide. Puis il demande au dieu d'y mettre du mil aux petits grains.

Sans discuter, le dieu remplit, remplit, remplit le panier de mil aux petits grains... mais le mil passe au travers du panier tressé et tombe sur Terre.
L'œil triste, la plume terne, l'air désespéré, Corbeau regarde son panier vide. Puis il demande au dieu d'y mettre du riz aux grains allongés.
Sans discuter, le dieu remplit, remplit, remplit le panier de riz aux grains allongés…

…mais le riz passe au travers du panier tressé et tombe sur Terre.
L'œil triste, la plume terne, l'air désespéré, Corbeau regarde son panier vide. Puis il demande au dieu d'y mettre du sorgho aux grosses graines.
Sans discuter, le dieu remplit, remplit, remplit le panier de sorgho aux grosses graines… mais le sorgho passe au travers du panier tressé et tombe sur Terre.
L'œil triste, la plume terne, l'air désespéré, Corbeau regarde son panier vide. Puis il demande au dieu d'y mettre de gros haricots.

Sans discuter, le dieu remplit, remplit, remplit le panier de gros haricots… mais les haricots passent au travers du panier tressé et tombent sur Terre.

Porté par un souffle de vent chaud, Djibiliki arrive à cet instant. Il volette autour du dieu, gronde Corbeau d'être parti en secret et jette un coup d'œil au panier vide.

– Ô grand Dieu, piaille Djibiliki,
sais-tu que Corbeau
a troué le fond
de son panier pour que
les graines tombent
sur la Terre ? Le sais-tu ?

Corbeau sautille, agite ses ailes, toussote tandis que le dieu retourne le panier d'un air mauvais.

–Va-t-en, tricheur, ignoble corbeau ! hurle le dieu, furieux d'avoir été trompé. Emporte ton panier percé. Je ne veux plus jamais te voir ni entendre parler de toi. Plus jamais !

Corbeau s'enfuit sans répondre. De retour sur la Terre, il aperçoit les graines qui poussent à une vitesse incroyable. Il survole un champ de fonio, puis un champ de mil, une rizière et plus loin des plants de haricots. Il entend le chant des hommes et des femmes qui désherbent et arrosent.

– Nous n'aurons plus besoin de déménager sans cesse, disent-ils. Tout pousse en si grande quantité que nous pourrons faire des réserves dans une hutte-grenier avant la récolte suivante !

Corbeau est content. Il a trompé le dieu mais aidé les Hommes. Une seule chose cependant le préoccupe : punir Djibiliki le mouchard. Justement, il l'aperçoit… Il le rattrape en quelques vigoureux battements d'ailes et lui arrache une plume de la queue en criant :

– Pourquoi m'as-tu dénoncé, oiseau de malheur ? Ta cervelle est donc si petite ? Regarde comme les grains tombés à Terre germent et poussent en abondance. Ils nourrissent les Hommes mais aussi les oiseaux qui picorent dans les champs. Je me régalerai sans toi, stupide animal, et si tu poses une seule patte sur Terre, ta tête tombera ! Parole de Corbeau !

Affolé, Djibiliki disparaît dans un bananier touffu. Mais, à la tombée de la nuit, il fonce sur Corbeau en hurlant :

– Bilikirukir, bilikirukir…

Et il pique et repique le dos de Corbeau qui crie de douleur.

C'est depuis ce jour que Corbeaux et Djibilikis se livrent chaque soir une guerre cruelle.

Les uns picorent les graines en craignant l'attaque des Djibilikis,
les autres ne touchent jamais le sol craignant de perdre la tête.

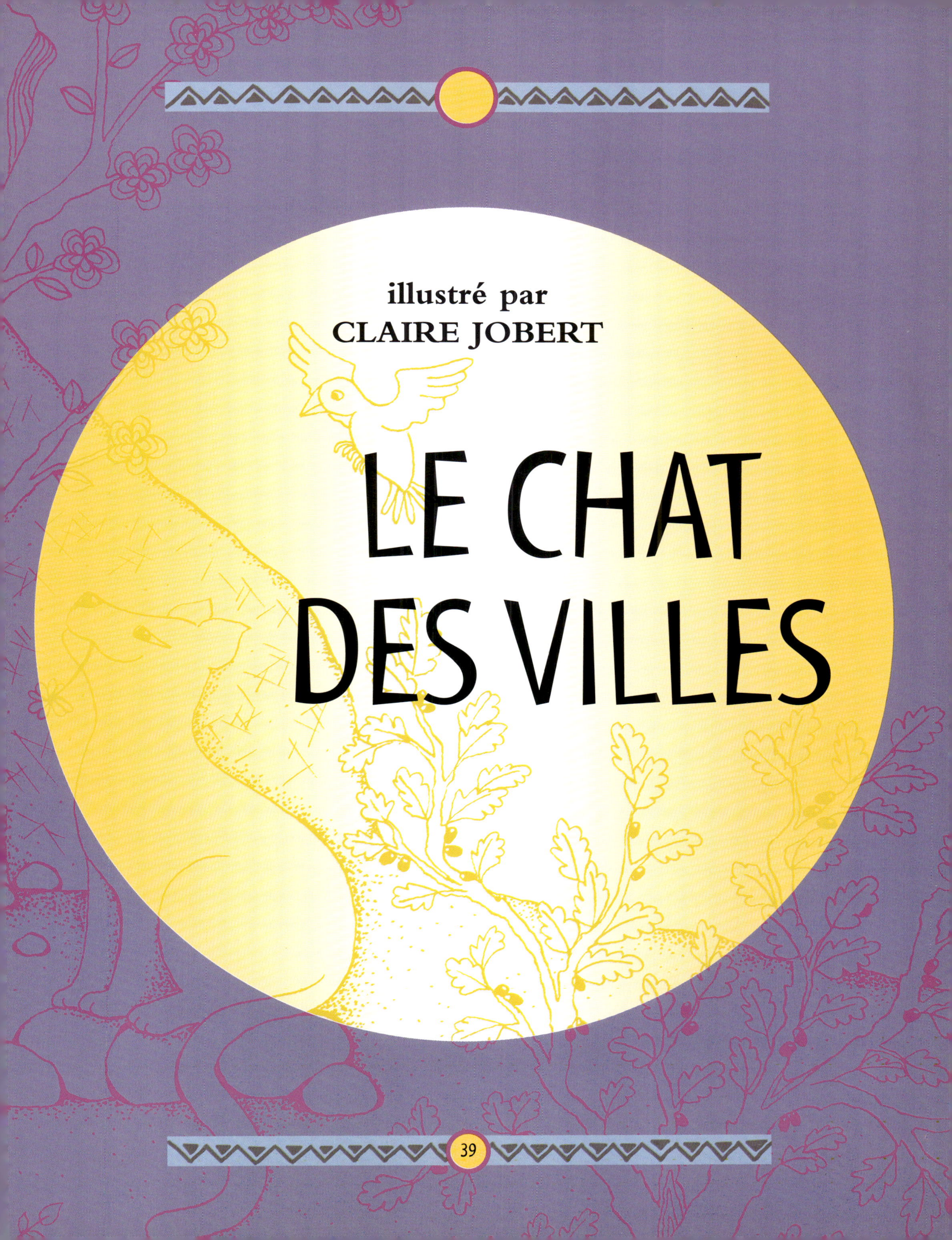

illustré par
CLAIRE JOBERT

LE CHAT DES VILLES

Il y a fort longtemps, les chats n'habitaient pas encore dans les villes parmi les hommes, mais dans les forêts avec les autres animaux. Ils chassaient les souris sur le sol, les moineaux sur les arbres et les poissons dans l'eau.

Dans la forêt où se déroule notre histoire vit un chat orgueilleux, impitoyable et fort gourmand. Les souris, les moineaux et les poissons des alentours, exaspérés d'être sans cesse menacés et dévorés, décident un jour de protester. Ils choisissent chacun un représentant et invitent le chat à venir les rejoindre au bord de la rivière.

– Ô chat des forêts, nous ne pouvons plus supporter cette situation, déclarent la souris, le moineau et le poisson. Nous te prions de te nourrir désormais de fruits, de graines et d'herbages, et de nous laisser vivre en paix.

– Je pourrais sans doute me remplir le ventre de cette manière, répond le chat en lissant ses moustaches.

Mais sachez que je suis le cousin du lion et, comme lui, je chasse pour me nourrir.

Si vous voulez plus de tranquillité, apportez-moi donc mes trois repas journaliers : trois poissons pour mon petit déjeuner, trois moineaux pour mon déjeuner et trois souris pour mon dîner.

Accablés, la souris, le moineau et le poisson protestent, insistent, supplient, mais rien n'y fait. Le chat, allongé sur le côté, les regarde d'un air méprisant en se curant les dents.

Furieuse, la souris s'écrie :
– Tu n'es sûrement pas le cousin du lion. Il est bien plus respectable que toi. Lui, au moins...
Mais elle ne peut finir sa phrase. Le chat, fort susceptible, lui saute dessus et n'en fait qu'une bouchée.

Chez les souris, les moineaux et les poissons, les discussions reprennent de plus belle.

– Que faire ?
– Nous enfermer chez nous ?
– Fuir loin d'ici ?
– Et si nous allions nous plaindre auprès du lion ?
– C'est une excellente idée, s'écrient les animaux en chœur. Après tout, le chat prétend être le cousin du lion mais le lion ne mange ni les souris, ni les moineaux, ni les poissons !

Les animaux chargent une vieille souris grise, réputée pour sa sagesse, d'aller trouver le lion. Arrivée à la tanière de l'illustre animal, celle-ci lui raconte toute l'histoire.

– Qui est ce chat qui prétend être mon cousin ! Qu'on me l'amène immédiatement, ordonne le lion, fou de colère, à son vizir le renard.

Quelque temps plus tard, le chat arrive dans la tanière. En le voyant apparaître, le lion pousse un énorme rugissement :

– De quel droit prétends-tu être mon cousin ? Si tu ne me donnes pas une raison valable, je te mets en pièces sur-le-champ !

**Le chat, calme et souriant,
s'incline et dit :
– Si Son Excellence le permet,
je vais lui raconter
l'histoire de mon ancêtre.**

La souris est désespérée. Recroquevillée dans un coin, elle s'approche tout doucement du renard et lui chuchote :
– Fais quelque chose, je t'en prie. Tout semble bien mal parti pour nous.
– Ne t'en fais pas, répond le renard. Moi non plus je n'aime pas ce chat. Laisse-moi faire.

Le lion, confortablement installé, s'adresse sévèrement au chat :

– Je t'écoute, rugit-il.

– Son Excellence connaît-elle l'histoire de Noé ?

– Ne perds pas de temps, répond le lion agacé.

Sans se laisser impressionner, le chat commence son récit.

– Dans des temps très anciens, Noé fit monter à bord de son arche un couple de chaque espèce animale. Mais ni les moineaux ni les poissons ne se joignirent aux autres. Quant aux souris et aux chats, ils n'existaient pas encore. Au bout de quelques jours, l'arche fut si sale qu'il devint impossible d'y respirer.

Dieu créa alors le cochon qui mangea toutes les saletés. Mais le museau du jeune animal se mit à grossir tant et tant... qu'il accoucha d'une souris. Comme celle-ci ne parvenait pas à s'occuper, elle se mit à ronger le plancher de l'arche.

– Que m'importe les souris et les cochons, tout ça ne me concerne pas, grogne le lion.

– Monseigneur, écoutez la suite… Comme l'eau commençait à entrer, le lion s'assit sur le trou creusé par la souris et arrêta ainsi l'inondation. Tous les animaux le désignèrent alors comme leur roi.

– Ton histoire commence à me plaire, mais prends garde à toi, car tu prétends que nous sommes cousins et...

– J'y arrive, j'y arrive, poursuit le chat… Tandis que le lion empêchait l'eau de monter, la souris continuait de ronger le plancher de l'arche. Dieu créa alors le chat et le fit sortir du museau du lion.

Sans perdre un instant,
le chat se lança à la poursuite
de la souris, la dévora et sauva ainsi
les animaux de la noyade.

– Excellence ! Comprenez-vous à présent pourquoi le chat et le lion sont cousins et pourquoi les chats sont ennemis des souris, des moineaux et des poissons ?

Le lion est enchanté par ce récit.

– Je ne veux plus entendre parler des souris, des moineaux et des poissons ! s'écrie-t-il. Qu'ils aillent se faire voir ailleurs ! Et que le chat reste ici pour me raconter d'autres histoires comme celle-là.

Mais le renard lui chuchote à l'oreille :

-Excellence !
Un royaume ne peut avoir deux souverains !

Je crains que le chat ne profite de votre bonté et ne réclame sa part du gouvernement. Or les animaux qui vous craignent risquent de le soutenir.

– Tu as toujours été un bon conseiller, répond le lion en fronçant les sourcils, que dois-je faire ?

– Ordonnez au chat de quitter la forêt. Qu'il aille vivre parmi les hommes. Il pourra y manger les souris, les moineaux et les poissons de la ville, et ceux de la forêt seront satisfaits. Ainsi, rien ne menacera votre souveraineté.
Après avoir longtemps réfléchi, le lion dit à voix haute :
– Oui, le chat a raison, il est bien mon cousin. C'est pourquoi j'ai décidé de l'envoyer comme représentant parmi les hommes.

Désormais, la place du chat sera en ville.

La tête basse, le chat prend alors le chemin de la ville. Depuis ce jour, les souris, les moineaux et les poissons des forêts sont à l'abri tandis que ceux des villes vivent dans la terreur de cet animal.

illustré par
SERGE STROSBERG

LE SECRET DES SINGES

Tout est silencieux. Ni les hommes, ni les animaux, ni les oiseaux, ni les poissons, ni les crustacés, ni les grottes, ni les ravins, ni les forêts n'existent encore. Il n'y a que le ciel et l'océan où habitent les Sept Sages, nés du Dieu Esprit-du-Ciel. Malgré l'obscurité, Esprit-du-Ciel les a rejoints dans les eaux vertes. Ils parlent longuement…

– Il est temps de créer la Terre ! Que des êtres vivants y naissent. Qu'ils nous prient, nous contemplent et nous nourrissent !

D'un coup la Terre apparaît. D'abord comme un nuage, un brouillard léger d'où surgissent les montagnes, les côtes du bord de mer, les arbres, les lianes, les cyprès, les pins et les fleuves bondissants. Puis, sans se reposer, les dieux créent les animaux des montagnes et les gardiens des forêts : cerfs, oiseaux, jaguars, pumas, serpents à sonnette et serpents boas...

Cerfs, jaguars et pumas, commande Esprit-du-Ciel qui déteste le silence, profitez de vos pattes pour marcher ! Dormez dans les plaines, les creux et les ravins ! Oiseaux, profitez de vos ailes pour voler. Bâtissez vos nids dans les arbres, entre les branches et les lianes !
Obéissant, chacun prend sa place : les uns dans la plaine, les autres dans les arbres.

Les jours et les nuits passent.
Les dieux espèrent un mot,
un remerciement, une prière…

Ils attendent mais rien ne vient : un silence pesant recouvre la Terre.

– Parlez ! s'impatientent-ils. Ne marchez pas ainsi muets, courbés, flairant le sol ! Appelez-nous !

Pleins de bonne volonté, les animaux essaient... mais seuls des sons absurdes sortent de leur gorge : bramements, caquètements, cris et sifflements.

Ce n'est pas parler que cette cacophonie, s'indignent les dieux. Êtes-vous incapables d'articuler un son, incapables de nous appeler ? Mécontents, les dieux décident de punir ces animaux bafouilleurs.

–Vous nous décevez, gronde Esprit-du-Ciel. Puisque vous refusez de parler, vous ne mangerez que des graines et du fourrage et vous servirez les hommes qui vous mangeront. Désespérés, les animaux tentent une nouvelle fois de parler… mais ils ne produisent que bramements, caquètements, cris et sifflements.

Esprit-du-Ciel et les Sept Sages se remettent alors au travail.

Pleins d'espoir, ils mélangent de la terre à de l'eau, malaxent cette boue, la modèlent... Hélas, le résultat est consternant : ils obtiennent un être mou qui ne tient pas debout, ne tourne pas la tête, regarde ses pieds, parle distinctement mais sans réfléchir et, comble de malheur, fond dans l'eau !

Cet idiot bavarde, certes, mais il ne pense pas, déplorent les dieux en détruisant cette créature ratée. Quand réussirons-nous à créer un homme digne de nous, un homme qui nous prie, nous contemple et nous nourrisse ?

Demandons conseil à Maïs aux grains jaunes et à Tzité aux haricots rouges…

Quelques instants plus tard, les dieux lancent vers le ciel grains de maïs et de tzité. Ils les mélangent, les trient et les implorent.

– Toi Maïs et toi Tzité, trouvez la solution à notre problème. Nous vous écoutons...
Esprit-du-Ciel et les Sept Sages forment un cercle autour des graines. Leur réponse se fait attendre un long moment.
– Qu'ils soient sculptés dans du bois, recommandent enfin Maïs et Tzité.

Sans attendre, les dieux se remettent au travail. L'un choisit du bois de pito pour l'homme et du bois de sassafras pour la femme. L'autre les sculpte avec adresse, façonne leurs membres et leur visage, creuse leur bouche, dégage leurs oreilles, modèle leur nez.

Pleins d'espoir, ils mélangent de la terre à de l'eau, malaxent cette boue, la modèlent... Hélas, le résultat est consternant : ils obtiennent un être mou qui ne tient pas debout, ne tourne pas la tête, regarde ses pieds, parle distinctement mais sans réfléchir et, comble de malheur, fond dans l'eau !

Cet idiot bavarde, certes, mais il ne pense pas, déplorent les dieux en détruisant cette créature ratée. Quand réussirons-nous à créer un homme digne de nous, un homme qui nous prie, nous contemple et nous nourrisse ?

Demandons conseil à Maïs aux grains jaunes et à Tzité aux haricots rouges…

Quelques instants plus tard, les dieux lancent vers le ciel grains de maïs et de tzité. Ils les mélangent, les trient et les implorent.

– Toi Maïs et toi Tzité, trouvez la solution à notre problème. Nous vous écoutons...

Esprit-du-Ciel et les Sept Sages forment un cercle autour des graines. Leur réponse se fait attendre un long moment.

– Qu'ils soient sculptés dans du bois, recommandent enfin Maïs et Tzité.

Sans attendre, les dieux se remettent au travail. L'un choisit du bois de pito pour l'homme et du bois de sassafras pour la femme. L'autre les sculpte avec adresse, façonne leurs membres et leur visage, creuse leur bouche, dégage leurs oreilles, modèle leur nez.

Le travail achevé, les dieux attendris observent ces Créatures de Bois qui, très vite, peuplent la Terre de leurs fils et de leurs filles.

Mais leur bienveillance se transforme rapidement en irritation.

– Ces êtres ne fondent pas sous la pluie, constate Esprit-du-Ciel, mais ils marchent sans but précis sur leurs quatre pattes qui s'entrechoquent bruyamment. Ils possèdent un langage clair, mais ne savent pas réfléchir. Ils ne se souviennent pas de nous, leurs créateurs. Aucun sang ne circule en eux. Aucune sueur ne coule sur leur front. Aucune couleur ne colore leur peau. Détruisons ces Créatures de Bois inutiles !

À ces mots, une pluie de feu s'abat sur les pauvres créatures. Un aigle leur fait sauter les yeux hors des orbites. Une chauve-souris leur arrache la tête. Deux jaguars broient leurs os. Puis le ciel s'obscurcit et une pluie diluvienne s'abat pendant des jours et des nuits... Affolées, les Créatures de Bois se réfugient sur les toits de leurs maisons qui s'effondrent sous leur poids. Elles grimpent aux arbres mais les branches les repoussent. Elles s'abritent dans des grottes mais la boue les envahit...

Ainsi disparaissent de la Terre toutes les Créatures de Bois. Toutes ?

Non, car certaines s'enfuient si vite sur leurs pattes raides, rampent si bien sous les branches basses qu'aucun dieu ne les aperçoit.

Attristés par leurs échecs mais toujours inventifs, Esprit-du-Ciel et les Sept Sages se remettent au travail. Dans le plus grand secret, ils parviennent enfin à créer des hommes et des femmes qui les prient, les contemplent et les nourrissent !

Pendant ce temps, quelques Créatures de Bois, cachées au cœur d'immenses forêts, apprennent à réfléchir, à plier leurs pattes et même à marcher sans bruit. Solitaires, elles font des grimaces, épluchent des bananes, grignotent des cacahouètes et sautent de branche en branche avec agilité. Elles gardent sur leur visage ridé la marque des veines du bois dans lequel elles furent sculptées. Au fond de leurs yeux brille encore la peur des dieux qui, un jour, les punirent. Aujourd'hui, les hommes, ignorants cette vieille histoire, les appellent « singes ».

Ces singes qui nous amusent tant avec leurs galipettes ne savent toujours pas prier ou nourrir les dieux, mais ils les font rire aux éclats !

illustré par
VÉRONIQUE AGEORGES

SA MAJESTÉ L'AIGLE ROYAL

Le monde est encore bien jeune le jour où Sa Majesté l'Aigle Royal, le grand rapace aux serres acérées, au bec recourbé et aux plumes brillantes, appelle la guêpe et l'hirondelle.

– Allez goûter pour moi la chair de tous les habitants de la Terre, ordonne-t-il.

N'en oubliez aucun car je veux savoir quelle chair est la plus succulente ! Partez immédiatement et revenez au crépuscule !

Une fois ces paroles prononcées, le souverain des créatures volantes ébouriffe ses plumes, s'étire, se tourne et se retourne sur son aire. Installé au sommet des rochers les plus hauts et les plus abrupts de la région, il surveille le désert de Gobi et les montagnes alentour. Il rit en apercevant une chauve-souris pendue la tête en bas, enveloppée dans ses ailes comme dans une cape, les yeux mi-clos.

Réveille-toi, paresseuse, et va aider la guêpe et l'hirondelle ! lui crie-t-il.

– Je ne peux pas t'obéir, ô noble souverain, car si je reste accrochée ainsi tout le jour, c'est pour mieux observer le ciel et vous alerter s'il menace de s'effondrer.

– C'est bien, Chauve-Souris, c'est bien, approuve le roi. Ne bouge pas. Ton travail est d'importance. Quant à vous, Hirondelle et Guêpe, partez sans délai.

Les deux animaux s'inclinent humblement devant l'Aigle puis s'envolent.

**Comme le temps est radieux !
L'hirondelle au dos noir
et au ventre blanc voudrait profiter
de cette belle journée.**

Elle virevolte joyeusement, plane, admire le désert qui s'étend au-dessous d'elle, remonte vers le soleil, se cache derrière un nuage, fonce vers les montagnes, chante, rit, s'amuse et oublie sa mission.

De son côté, la guêpe au ventre jaune et noir ne perd pas un instant. Elle vérifie que son aiguillon est bien en place au bout de son corps puis descend sur Terre. Là, elle pique ceux qu'elle rencontre et note ses impressions : le moelleux de la chair, la qualité du sang, l'odeur de l'animal…

Au crépuscule, satisfaite de sa journée, la guêpe s'apprête à rentrer quand elle rencontre en chemin l'hirondelle.

Comme elles sont un peu en avance, toutes deux s'arrêtent un instant pour bavarder. L'air fraîchit. Le soleil s'approche de l'horizon.

L'hirondelle est fatiguée d'avoir tant joué, la guêpe épuisée d'avoir tant piqué.

– À ton avis, quel est le meilleur repas pour notre grand souverain ? demande l'oiseau avec malice.
– Sans aucun doute, la chair la plus délicieuse est celle des hommes. C'est un vrai régal. Elle est moelleuse, sucrée à souhait avec un arrière-goût salé…

Imaginant tous les drames que ce jugement causerait, l'hirondelle furieuse arrache la langue de la guêpe d'un violent coup de bec.

– As-tu pensé une seconde à ce qui arrivera si notre roi dévore les hommes ! lui dit-elle. Ce sont les préférés du dieu. Tu sais bien qu'il ne faut pas y toucher, sinon le dieu se vengera sur nous.

Petite sotte obéissante mais sans cervelle ! Oublies-tu que jadis le dieu créa le premier homme et la première femme avec de l'argile. Il les recouvrit de fourrure et les confia au chien et au chat pendant qu'il partait chercher l'Eau-de-la-Vie-Éternelle… Alors le démon arriva, détourna l'attention des gardiens et urina sur les deux statuettes d'argile.

L'hirondelle est fatiguée d'avoir tant joué, la guêpe épuisée d'avoir tant piqué.

– À ton avis, quel est le meilleur repas pour notre grand souverain ? demande l'oiseau avec malice.
– Sans aucun doute, la chair la plus délicieuse est celle des hommes. C'est un vrai régal. Elle est moelleuse, sucrée à souhait avec un arrière-goût salé…

Imaginant tous les drames que ce jugement causerait, l'hirondelle furieuse arrache la langue de la guêpe d'un violent coup de bec.

– As-tu pensé une seconde à ce qui arrivera si notre roi dévore les hommes ! lui dit-elle. Ce sont les préférés du dieu. Tu sais bien qu'il ne faut pas y toucher, sinon le dieu se vengera sur nous.

Petite sotte obéissante mais sans cervelle ! Oublies-tu que jadis le dieu créa le premier homme et la première femme avec de l'argile. Il les recouvrit de fourrure et les confia au chien et au chat pendant qu'il partait chercher l'Eau-de-la-Vie-Éternelle… Alors le démon arriva, détourna l'attention des gardiens et urina sur les deux statuettes d'argile.

À son retour, le dieu furieux ordonna au chat de nettoyer les statuettes qu'il aimait tant. Hélas, la langue râpeuse arracha la fourrure sale… Désolé, le dieu la colla sur le chien. Puis il aspergea ses statues d'eau sacrée mais ne put leur accorder la vie éternelle car le démon les avait salies pour toujours… Et tu veux, guêpe stupide, que notre roi mange les hommes !

La colère du dieu se retournera alors contre Sa Majesté l'Aigle Royal, contre les oiseaux et les insectes, contre nous !

Folle de rage, l'hirondelle aux plumes noires et blanches se tait enfin. La guêpe ne peut répondre. Elle lisse ses ailes translucides et baisse la tête. Toutes deux s'envolent vers l'aire royale tandis que les derniers rayons du soleil colorent l'horizon.

– Il est grand temps que vous soyez de retour ! se fâche l'Aigle Royal. La nuit va tomber d'un instant à l'autre. J'espère que vous avez bien rempli la mission que je vous ai confiée. Alors, Guêpe, à ton avis, quel sera mon meilleur repas sur Terre ?

Désespéré, l'insecte privé de langue répond par un long bourdonnement incompréhensible.

– Que t'arrive-t-il, stupide animal, je ne comprends pas tes paroles. Et toi, Hirondelle, que me conseilles-tu ?

– Ô noble souverain, la chair la plus digne d'un roi est sans conteste celle du serpent, affirme l'oiseau en mentant effrontément.
– Ton avis est sage, Hirondelle. Je te remercie. Tu as bien rempli ta mission. Comme récompense, tu vivras sur les terres où les hivers ne sont jamais trop froids et les étés jamais trop chauds.
Cette histoire s'est passée il y a bien longtemps…

Depuis ce jour, les aigles,
en fidèles descendants
du souverain des créatures volantes,
se régalent de serpents.
Quant aux guêpes, elles ne parlent pas :
elles bourdonnent.

illustré par
VIVIANE KOENIG

LE PAON ET LE TAON

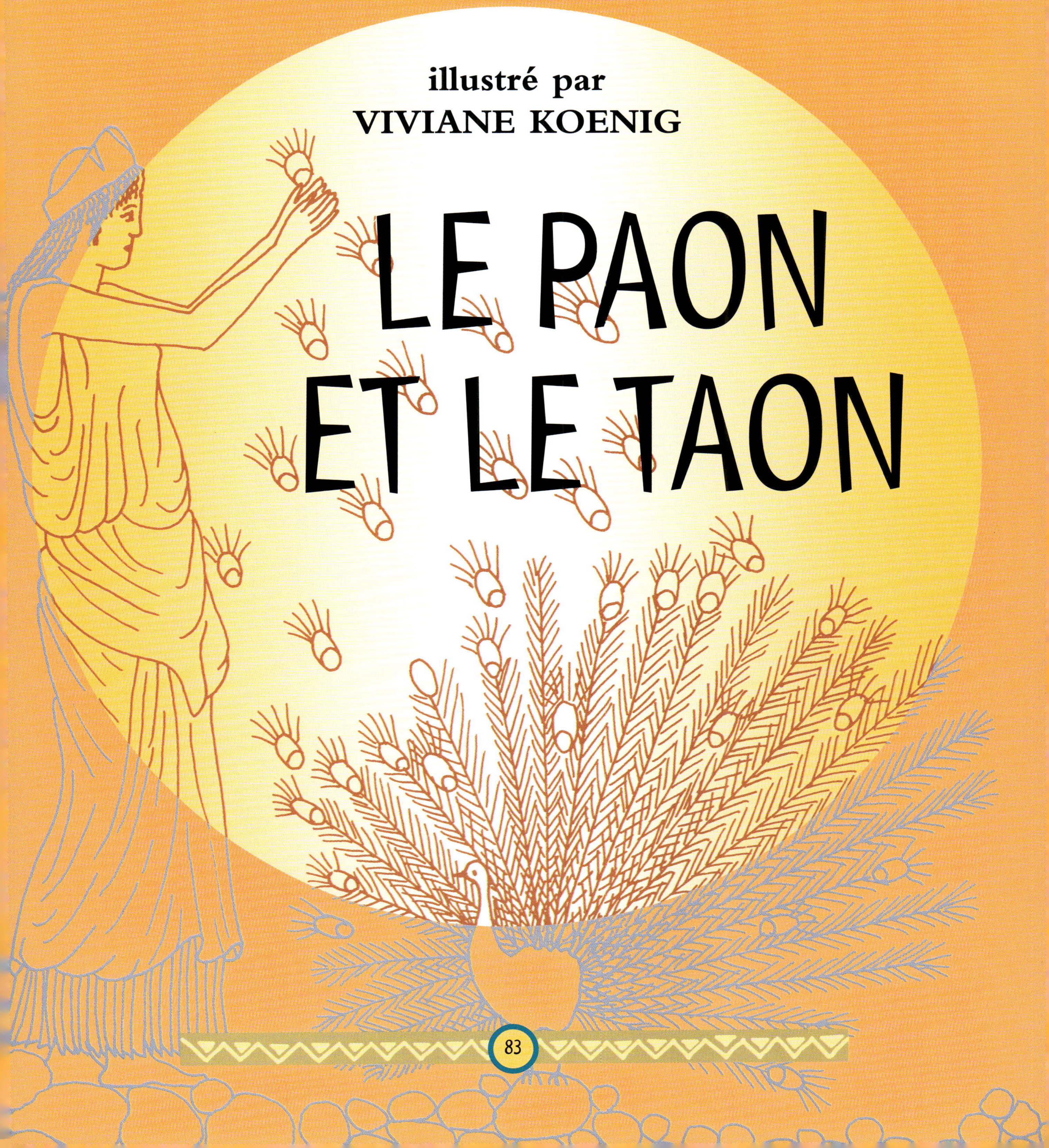

Ce matin, la ravissante Io se promène parmi les oliviers, le long du fleuve aux eaux vives.

Tandis que la déesse Eo, l'aurore aux doigts de rose, déverse ses vases de rosée, Zeus, le roi des dieux, regarde la Terre du haut du ciel et aperçoit la jeune fille. Aussitôt troublé par sa merveilleuse beauté, il part à sa rencontre.

– Ô ma belle, allons dans ces bois nous abriter du soleil, lui propose-t-il. Ne crains rien, je te protégerai… Viens… Ne me fuis pas…

Io a très peur. Elle court pour échapper au dieu… mais Zeus le tout-puissant enveloppe d'une nuée obscure le petit coin de Terre où elle se trouve et la perd dans les ténèbres. Il la rejoint, l'embrasse, l'enlace…

Pendant ce temps, au royaume des dieux, l'épouse du grand Zeus s'inquiète de son absence. La déesse Héra sait que son mari tombe souvent amoureux mais, ce jour là, elle ne le supporte pas.

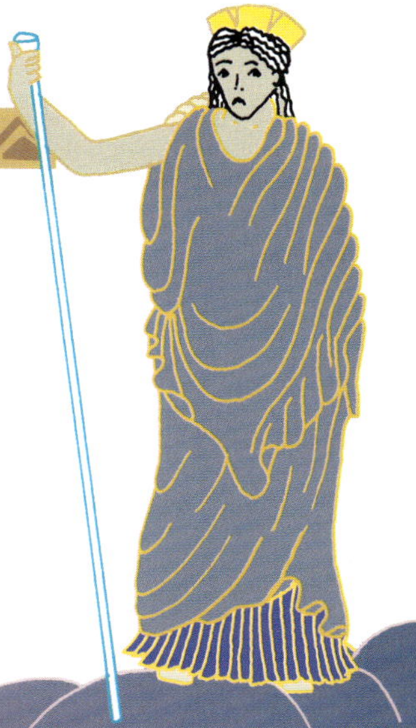

Folle de jalousie, elle remarque
les épais nuages noirs fixés
sur le petit coin de campagne.

Voilà qui est fort étrange, se dit Héra. Allons voir ce qui se passe sur la Terre.

Zeus entend la déesse approcher. Craignant sa fureur, il transforme aussitôt Io en génisse blanche. Mais la malicieuse Héra ordonne aux nuages de se retirer. Elle comprend la ruse de son mari et lui demande le bel animal en cadeau. Zeus, ne pouvant lui refuser, s'éloigne tristement et abandonne ainsi son jeune amour.

– Je vais m'occuper de toi, ma belle, gronde Héra.

Et elle appelle Argos, le géant aux Cent Yeux qui voit même lorsqu'il a le dos tourné.

– Je te confie cette génisse blanche, lui crie-t-elle, surveille-la jour et nuit et prends garde que personne ne s'approche jamais d'elle.

Argos s'installe sur une haute montagne. Il attache Io avec des liens solides, la nourrit d'herbes amères et la laisse dormir sur le sol nu. La princesse tente de se plaindre mais seuls des mugissements sortent de sa bouche.

Zeus enrage. Parfois, au plus profond de la nuit, il prend la forme d'un taureau et rejoint sa belle. Un jour, dans le plus grand secret, il ordonne à son fils Hermès, le dieu aux pieds légers, de tuer Argos.

Hermès, le messager des dieux, fixe alors des ailes à ses pieds, saisit sa baguette qui répand le sommeil, met son chapeau ailé et s'élance sur Terre. Là, déguisé en berger, il joue de la flûte pour séduire le redoutable gardien.

– Qui que tu sois, viens t'asseoir près de moi sur ce rocher, lui propose Argos aux Cent Yeux. Nulle part ailleurs tes chèvres ne trouveront une herbe plus grasse.

Hermès s'installe à ses côtés, joue de la flûte et lui raconte des histoires afin de l'endormir.

Déjà, certains des yeux du géant se ferment, d'autres veillent encore... Hermès parle, parle encore... Enfin, Argos s'endort. Hermès pose alors sa baguette magique sur ses paupières puis, de son épée recourbée, le frappe à la jointure du cou. La tête d'Argos roule, toute sanglante, au pied du rocher.

Du haut des cieux, la déesse Héra a tout vu. Elle court mais arrive trop tard. Argos est mort.

Alors, elle recueille les yeux innombrables et si beaux du géant et les répand, telles des pierres précieuses, sur la queue étoilée du paon, son oiseau préféré.

Puis, folle de colère, elle appelle un taon, la grosse mouche gourmande de sang.

– Suis cette génisse, pique-la, ne la lâche pas un instant, ordonne la déesse. Et surtout, empêche-la de dormir afin que Zeus ne puisse pas la rejoindre.

Obéissant, le taon pique les flancs de Io avec acharnement. Pour lui échapper, la génisse s'élance à travers la Grèce, marche, galope, longe les côtes, rebrousse chemin, file vers l'est, court, saute, franchit un petit bras de mer, descend vers le sud et entre en Égypte, toujours poursuivie par l'infatigable taon.

Io lève la tête vers le ciel, mugit, pleure, réclame la fin de ses malheurs...

Enfin ému, Zeus supplie Héra de mettre un terme à un si long châtiment. Il l'embrasse, la cajole.

– Sois sans crainte, ma chère femme, jamais plus je ne reverrai Io. Jamais...

Héra ne résiste pas aux promesses de Zeus. Elle le croit, s'apaise, et ordonne au taon d'aller tourmenter d'autres troupeaux...

Aussitôt, Zeus redonne à Io sa forme humaine. Ses poils tombent, ses cornes décroissent, l'orbite de ses yeux se rétrécit, ses épaules et ses mains réapparaissent, ses sabots s'évanouissent...

De la génisse, la princesse Io ne conserve que l'éclatante blancheur.

Depuis ce temps, les paons font la roue pour montrer les yeux qui ornent leur queue…

Et les taons piquent taureaux, vaches, veaux et génisses, de jour comme de nuit… Quant à Zeus, il a connu bien d'autres amours et Héra le surveille encore !

LE PRIX D'UN BŒUF

illustré par
DANIEL HÉNON

Au cœur de la grande forêt africaine, Lièvre aux longues oreilles se repose de l'aube au crépuscule. Il se balance paresseusement dans son hamac accroché à des bananiers. Tout près de là, sa femme, la Hase, bavarde avec leurs petits. Lièvre regarde les feuilles épaisses des bananiers, se laisse bercer par les frémissements de l'arbre à palabres... puis s'endort.

Il n'entend pas la Mort qui s'approche, en compagnie d'un bœuf bien gras.

– Bonjour Lièvre, je t'apporte un bœuf, lui propose-t-elle gaiement.
L'animal se réveille en sursaut et saute de son hamac, les moustaches frétillantes.
– Combien le vends-tu ? demande-t-il, toujours à l'affût d'une bonne affaire.
– Je ne le vends pas, je l'échange. L'or ne m'intéressant pas, je l'échange contre celui que je dévorerai l'an prochain.

– Tu ne veux pas d'or ! Pourtant, ton bœuf vaut un bon prix, insiste Lièvre qui a peur de comprendre.
– Non, te dis-je. Je n'en veux pas. Prends le bœuf et, l'an prochain, je viendrai te manger. C'est à prendre ou à laisser.
Lièvre réfléchit. Il tâte ses longues oreilles, fronce son museau, agite ses moustaches, regarde avec envie le bœuf bien gras, hésite encore quelques instants puis accepte.
– Entendu. Donne-moi ton bœuf et, dans un an, tu me croqueras... Mais, vois-tu, dans un an je serai très vieux. Je serai plus grand, mes oreilles seront plus courtes, ma queue plus longue, mes pattes plus fines... En fait, je ressemblerai un peu à...
– Ne t'inquiète pas. Je te reconnaîtrai sans hésiter, assure la Mort.
Puis elle disparaît en sifflotant dans l'épaisse forêt...

Aussitôt, Lièvre va chercher son grand couteau et tue le bœuf.

Il le découpe en morceaux avec l'habileté d'un boucher, saute par ici, tire par là, emporte les meilleurs morceaux dans sa case, découpe encore…

– Avec la chaleur, il faut faire vite, explique-t-il à la Hase qui l'aide de son mieux.

Déjà, la Hase prépare un délicieux repas dans sa grande marmite. Au crépuscule, toute la famille se régale. Jamais ils n'ont mangé aussi bien ! Lièvre se félicite de cette bonne affaire mais n'avoue pas qu'ils dégustent un cadeau de la Mort.
Pendant une semaine entière, les festins succèdent aux festins. Au matin du huitième jour, Lièvre abandonne son hamac et s'enfonce dans la forêt. Il ramasse quelques branches, des fines, des épaisses, des courtes et des longues.
– Cherchez des lianes sèches ! ordonne-t-il à ses enfants.

Bientôt, à l'ombre de sa case, Lièvre attache branches et lianes pour fabriquer une échelle.

Il la pose contre le tronc noueux de l'arbre à palabres, prend les dernières côtelettes et grimpe les accrocher à la cime de l'arbre sous l'œil éberlué de la Hase.

– Nous ferions mieux de les manger plutôt que les offrir aux oiseaux ! proteste-t-elle en colère.

Lièvre ne répond pas, redescend de l'échelle, saute sur son hamac et s'endort.

Le lendemain, à l'heure la plus chaude, Hyène se rend chez son ami Lièvre pour bavarder. Ils s'asseyent tous deux près de la case sous l'arbre à palabres.

Le vent commence à souffler si fort que trois côtelettes se détachent et tombent sur le sol juste devant eux. Affamée, Hyène lève la tête mais ne voit que du feuillage.

Intriguée, elle ne pose pas de questions et mange la viande tombée du ciel sans la partager avec son compagnon.

Lièvre la laisse faire en souriant. La scène se répète une fois, deux fois, trois fois... À la quatrième, Hyène se lèche les babines et dit :

– Écoute, mon ami ! Te souviens-tu que ce terrain appartenait jadis à mon grand-père. Je te l'ai prêté parce que tu étais gentil, mais aujourd'hui tu me caches certaines choses, tu manques de reconnaissance envers moi et tes enfants sont impolis. Aussi vas-tu quitter immédiatement ces lieux. Je désire m'y réinstaller.

Lièvre crie, pleure longuement, supplie un peu... Rien n'y fait. Hyène ne change pas d'avis.

– Quitte mon terrain au plus vite, avec ta femme et tes enfants. File loin d'ici ! hurle-t-elle.

Alors Lièvre roule son hamac, rassemble toutes ses affaires et part avec sa famille. Il marche une journée entière et s'installe dans une clairière où il fait bon dormir. La vie reprend, douce et calme.

Un an plus tard, fidèle à sa promesse, la Mort revient chercher sa victime.

– Un bœuf bien gras contre un vieux lièvre, l'affaire n'était pas excellente mais elle fut vite conclue, pense-t-elle en retrouvant son chemin. Deux bananiers ici, l'arbre à palabres là, une case ronde... J'y suis.

La Mort jette un coup d'œil par la fenêtre et voit Hyène insouciante qui chante à tue-tête.
– Ce lièvre a bien forci, constate la Mort avec surprise. Comme il est vieux et laid maintenant !
La Mort s'approche. Le sol craque sous ses pas. Ce bruit sinistre fait sursauter Hyène.
– Toc, toc, toc.
– Qui frappe à ma porte ? s'affole Hyène.

– C'est moi, répond la Mort.
– Qui es-tu, moi ?
– Moi, la Mort.
– Que me veux-tu ?
– Je viens te chercher, comme promis.
– Je ne t'ai rien promis. Laisse-moi en paix et passe ton chemin.
– Non, un accord est un accord. Tu as pris mon bœuf, je viens maintenant te chercher.
Ne comprenant rien à l'affaire, Hyène, terrorisée, décide de s'enfuir. Le poil hirsute, l'œil noir, elle court à toutes jambes. Mais la Mort la poursuit, la saisit et la tue, sans autre forme de procès.
Quelque temps plus tard, ayant appris la mort tragique de Hyène, Lièvre revient avec sa famille.

Il accroche son hamac
aux deux bananiers et s’installe
pour une longue sieste, tout heureux
d’avoir trompé la Mort
et de s’être débarrassé
d’un faux ami, toujours affamé.

illustré par
CLAIRE JOBERT

LA VACHE ET L'ÂNE

Un paysan possède une vache et un âne qu'il abrite dans une même étable. L'âne lui sert de monture. Quant à la vache, il l'attelle à la charrue pour labourer la terre. Lorsque vient la saison de battre le blé, il l'accroche à la meule et la fait travailler dur.

Un soir,
la vache rentre épuisée
et se met à maugréer.

– Qu'as-tu à parler toute seule ?, lui demande l'âne.

– Oh ! je suis bien malheureuse ! Toi, tu es un âne, tu ne peux pas me comprendre.

– Que dis-tu ? Je travaille moi aussi, où est la différence ?

– L'âne sert de monture et porte des fardeaux, mais on ne lui demande rien de plus. Tandis que nous, les vaches, nous devons labourer la terre, faire tourner la meule, donner du lait, mettre au monde des veaux et, lorsque nous sommes vieilles, nous finissons chez le boucher. Vois-tu, j'ai tant labouré aujourd'hui que mes flancs me font mal.

Pris de pitié, l'âne réfléchit un instant et lui dit :

– Tu dis vrai. Veux-tu connaître le moyen de ne plus jamais aller aux champs ?

– On prétend que les ânes sont bêtes. J'ai peur que tu ne m'apprennes une bêtise et que cela ne se termine mal pour moi.

– Mais non ! s'écrie l'âne. Si nous étions aussi bêtes qu'on le dit, on nous attellerait nous aussi à la charrue et à la meule. Suis donc mon conseil et tu verras bien.

– Soit ! répond la vache.

– Écoute-moi bien. On confie les travaux difficiles aux vaches saines et robustes. Mieux tu travailleras et plus on te fera travailler. Fais donc semblant d'être malade et refuse de bouger. Personne ne peut t'obliger à travailler de force.
– On me donnera des coups de bâton, dit la vache.
L'âne secoue la tête.

– À mon avis, recevoir quelques coups vaut bien mieux que de se tuer au travail.

Le lendemain matin, la vache suit à la lettre les conseils de l'âne. Elle s'allonge sur le côté et se met à gémir. Le paysan a beau insister, il ne parvient pas à la faire lever. Découragé, il sort de l'étable en bougonnant.

– N'avais-je pas raison ! s'écrie l'âne en se gonflant la poitrine. Vois quelle bonne chose je t'ai apprise ! Oseras-tu encore prétendre que les ânes sont bêtes ?

À cet instant, le paysan se ravise et entre de nouveau dans l'étable.

Il attache la corde de la vache au cou de l'âne. Puis il attelle celui-ci à la charrue et le fait labourer la terre jusqu'au soir.

– J'ai voulu rendre service à la vache, se lamente l'âne, et voilà que je dois travailler à sa place. Je suis vraiment trop bête. Je n'aurais jamais dû me mêler de ce qui ne me regardait pas !

Plus la journée avance et plus l'âne regrette son conseil.

– Voyons, voyons, pourquoi ne pas faire moi-même ce que j'ai enseigné à la vache.

Et il s'allonge sur le côté en gémissant.

– Imbécile d'âne ! s'écrie le paysan. Tu as vu que la vache était malade et tu veux faire pareil ! Tu vas voir ce que tu vas voir, espèce de paresseux ! J'ai ménagé la vache à cause de son lait et de sa viande, mais toi, ton compte est bon, misérable !

Voyant que la situation devient dangereuse, l'âne se lève et se remet au travail. Mais, le soir venu, il se dit : « Me voilà dans un beau pétrin. Il me faut coûte que coûte trouver une ruse pour convaincre la vache de retourner aux champs. »
Arrivé dans l'étable, l'âne ne montre pas à la vache combien il est fatigué. Il répète sans cesse :

– Comme je suis bête !
Comme je suis bête !

– Mais non, tu n'es pas bête du tout, l'interrompt la vache. Ce que tu m'as enseigné aujourd'hui m'a été fort utile.

– Hélas ! tu ne sais pas tout : j'ai appris aujourd'hui une chose qui me tracasse beaucoup à ton sujet.
– Hum, je vois, dit la vache. Tu as enfin compris combien il était difficile de labourer la terre !
– Mais non ! Il s'agit de tout autre chose. J'ai entendu ce soir notre maître dire des mots bien fâcheux à son fils :

– L'âne travaille aux champs beaucoup mieux que la vache. Pourquoi garder une bête malade qui ne sert plus à rien ?

Appelons demain le boucher pour profiter au moins de sa viande.
– Ouille, ouille, ouille ! Je n'aurai jamais dû t'écouter, répond la vache terrorisée. Je savais bien que les conseils d'un âne ne m'apporteraient rien de bon. Dès demain, je retournerai travailler.
Rassuré, l'âne s'endort tranquillement.
Mais, le lendemain matin, avant d'emmener la vache aux champs, le paysan dit à son fils :
– À partir d'aujourd'hui, tu prendras toi aussi une charrue et tu l'attelleras à cet âne. Et n'oublie pas de prendre un bâton au cas où l'envie lui prendrait de faire le paresseux !

illustré par
DANIEL HÉNON

LES RENARDS ET LA BALEINE

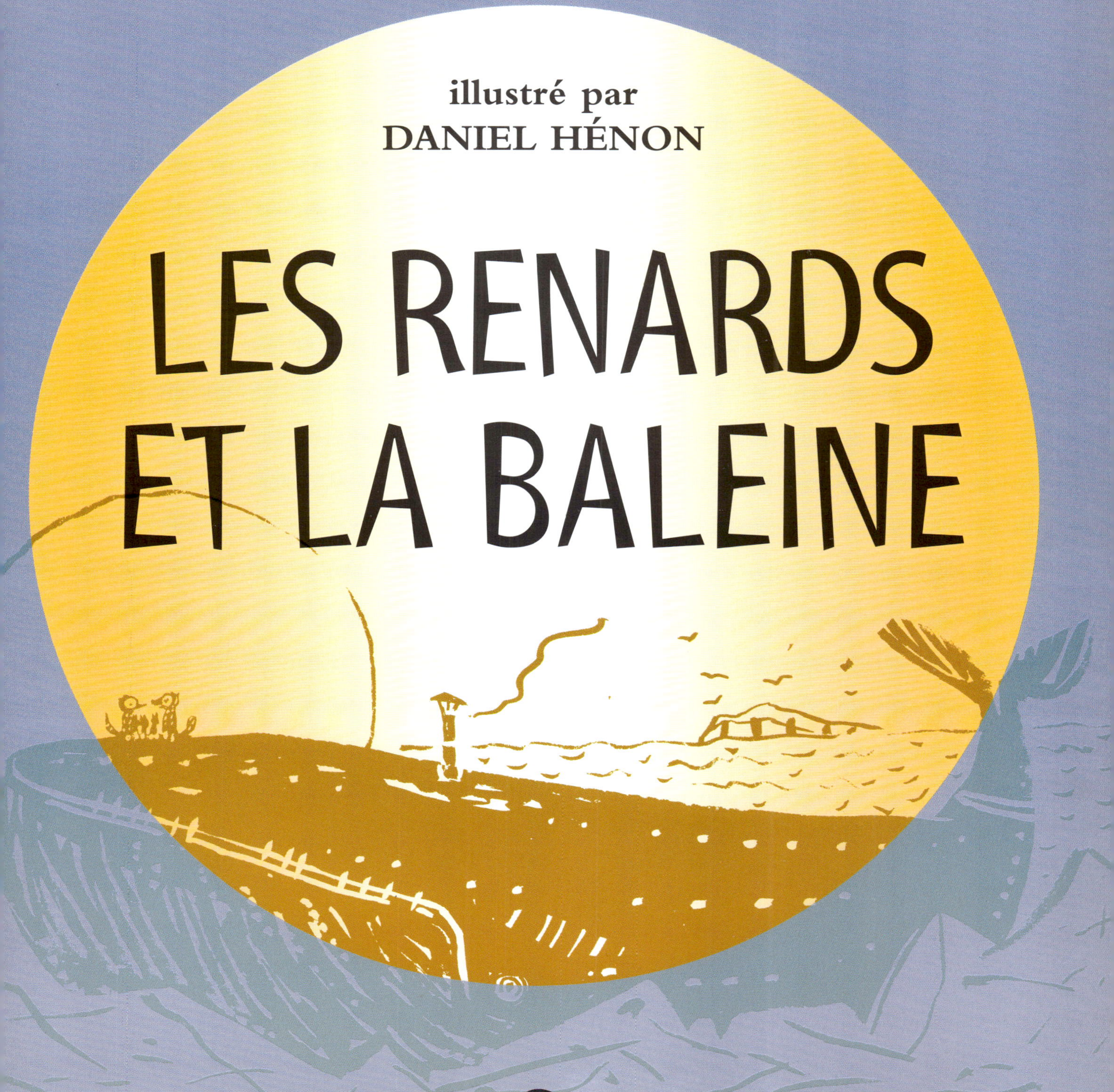

Dans les pays du Grand Nord, il est bien difficile de trouver à manger durant le long hiver. Comme tous les jours, Père Renard cherche un petit quelque chose pour nourrir sa famille. Brusquement, il aperçoit un Esquimau, un chasseur…
Celui-ci glisse sur son traîneau tiré par des chiens. Puis il s'arrête, fait quelques pas, s'agenouille, époussette la neige fraîche d'un revers de moufle, sort son couteau et attaque la glace à coups redoublés. Il frappe, il cogne, il tape... Enfin, la glace est percée ! Accroupi au bord du trou, l'homme espère qu'un phoque viendra y respirer un peu d'air frais. Patient, il attend.

Père Renard est caché derrière un tas de neige. Engourdi par le froid, il somnole.

Soudain, l'homme lance son harpon de bois et sort de l'eau un phoque gros et gras qui se tortille.

Le chasseur a vite le dessus. Il hisse l'animal sur son traîneau et coud rapidement ses nageoires pour qu'elles ne gênent pas sa course. Un claquement de fouet sur le sol gelé, et les chiens démarrent. Ils n'ont ni vu ni senti le renard.

Réjoui à l'idée de faire lui aussi une bonne pêche, Père Renard s'approche du trou.

Il attend, attend mais il a beau écarquiller les yeux… pas la moindre proie à l'horizon. C'est alors qu'une odeur inhabituelle, étrange, délicieuse, lui chatouille les narines. Il sent le phoque mais ne voit rien. Père Renard contourne un monticule de neige, y grimpe, va, vient, parcourt les environs sans apercevoir le moindre animal… Épuisé et bredouille, il rentre chez lui.

– Je ne comprends pas ce qui m'arrive, explique-t-il à Mère Renarde. J'ai senti des heures durant une odeur de phoque, mais je l'ai cherché en vain.

– Demain, nous partirons tous ensemble, propose Mère Renarde, et nous le trouverons ton phoque qui sent si bon. Le ventre creux, les renardeaux se blottissent contre leur mère, tètent ses maigres mamelles qui n'ont plus de lait et s'endorment en rêvant au festin qu'ils feront bientôt.

La nuit passe vite. À l'aube, de gros nuages lourds s'amoncellent dans le ciel. Bientôt, la neige tombera.

– Dépêchons-nous, ordonne Mère Renarde.

Elle pousse sa petite famille hors de la tanière. Père Renard montre le chemin. Leurs pattes s'enfoncent dans la neige molle.

– Nous y voilà, dit Père Renard. Sentez-vous cette délicieuse odeur ?

Toute la famille se met à chercher de-ci, de-là.

– Ma foi, ça sent le phoque mais il n'y en a pas, reconnaît Mère Renarde après avoir fureté dans les environs...

– Cherchons encore. Allons les enfants, aidez-nous au lieu de jouer !

Les renardeaux glissent sur la neige, dérapent sur des plaques de glace, tournent, virevoltent, s'amusent ! Ils n'ont pas envie d'obéir. L'un d'eux sautille sur la butte enneigée, glisse encore et soudain disparaît dans un trou profond et glacé...

– Au secours, au secours ! crie-t-il de sa toute petite voix.

Mère Renarde suit aussitôt la trace de son petit, dérape sur une couche verglacée et soudain s'arrête, terrorisée.

**Devant elle,
le monstre de la mer est là :
gueule entrouverte, petits yeux
noirs enfouis dans sa lourde
peau plissée...**

Une baleine gigantesque est prisonnière des glaces. Elle sent bon, elle sent la viande fraîche, une montagne de viande. Jamais Mère Renarde n'en a vue de si près !
– Au secours, au secours ! hurle de nouveau la toute petite voix de derrière les fanons de corne tachés de plancton gelé.
Mère Renarde entend son fils qui l'appelle. Elle oublie toute prudence et se glisse dans la gueule énorme.
Terrorisés, les deux autres renardeaux regardent leur mère disparaître. Ils tremblent... Voilà que la baleine bouge ! Ses yeux clignotent ! Ses nageoires s'agitent ! Sa gueule se referme !

Non, leur imagination s'emballe.
Le monstre des mers
est prisonnier des glaces...

Le temps passe lentement... Soudain, le museau de Mère Renarde réapparaît entre les fanons. Elle sourit et les appelle :

– Venez donc, petits sots ! Cette baleine morte ne bougera plus jamais. Voilà de la bonne viande pour nous tous !

Père Renard court. Il court comme un fou. Cette odeur de viande lui monte à la tête. Les deux renardeaux le suivent difficilement, puis se faufilent au travers des fanons, grignotent du plancton attrapé au passage et se retrouve à l'intérieur du corps gigantesque de la baleine. Là, il suffit de lever le museau, de gratter avec la patte et un délicieux repas vous tombe dans le gosier...

– Voilà une bien agréable demeure, constate Mère Renarde. À l'abri du vent et du froid, et nous n'aurons plus jamais faim. Ne bougeons plus d'ici !

L'hiver s'écoule doucement pour la famille Renard. Parfois, ils aperçoivent un Esquimau chassant le phoque, le morse ou l'ours blanc. Ils tremblent à l'idée que le chasseur puisse repérer leur montagne de viande.

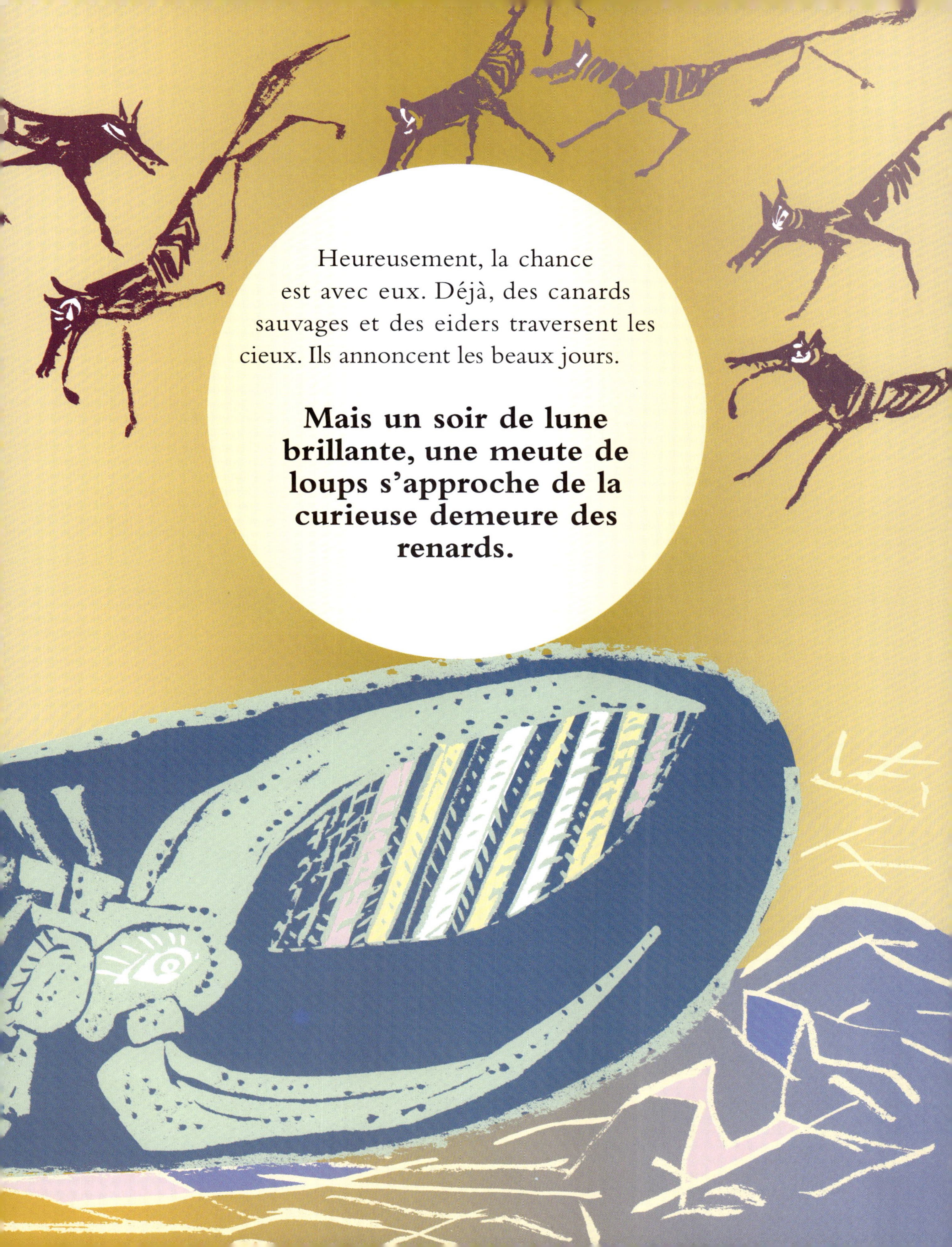

Heureusement, la chance est avec eux. Déjà, des canards sauvages et des eiders traversent les cieux. Ils annoncent les beaux jours.

Mais un soir de lune brillante, une meute de loups s'approche de la curieuse demeure des renards.

Ils ont sûrement senti l'odeur de la baleine. Qu'allons-nous faire ? s'inquiète Père Renard.

– Allons, suivez-moi, répond Mère Renarde qui a bien grossi depuis quelque temps. Nous allons leur faire peur.

Et elle se glisse hors de la gueule de la baleine en criant :

– Prenez garde aux hommes ! Ils sont là avec leurs chiens féroces, leurs harpons et leurs couteaux...Vite, ils nous talonnent !

– Que se passe-t-il, que se passe-t-il ? s'inquiètent les loups en voyant la famille renard courir ainsi, complètement affolée.

– Des chasseurs nous poursuivent. Ils ont de terribles couteaux, des harpons… Fuyez !

À ces mots, les loups ne font ni une ni deux. Ils disparaissent. Les renards s'arrêtent alors de courir et de crier. Ils s'asseyent pour reprendre leur souffle et admirer la neige qui brille sous la lumière des étoiles et de la lune.

**Puis, ils reprennent doucement
le chemin de leur baleine,
le monstre de la mer
qui les a sauvés de la faim.**

illustré par
VÉRONIQUE AGEORGES

LE DRAGON À HUIT TÊTES

Sur les eaux comme sur les arbres, partout éclate la splendeur du printemps. Un soleil blanc illumine l'herbe verte. Les fleurs s'envolent tandis qu'un nuage solitaire s'attarde sur la montagne déserte. Les oiseaux attendent la fin du jour.

– Comme ils sont heureux, soupire un vieillard au regard triste.

Il s'approche doucement d'une petite vieille recroquevillée sur un banc de pierre, à l'ombre d'un cerisier. À ses pieds, une jeune fille sanglote. Elle est si jeune, si belle avec ses cheveux en désordre et ses longs cils mouillés de larmes !

Soudain, un bruit de pas résonne dans le silence du crépuscule.

**C’est Susanoo !
Le beau, le grand, le puissant dieu
des Tempêtes traverse la campagne
comme un ouragan.**

Il chante. Son sabre brille à sa ceinture… Le voilà qui rencontre les trois humains désespérés.

– Pourquoi ces visages ravagés de chagrin ? s'inquiète-t-il.

– Ô noble voyageur, sais-tu que le dragon à huit têtes viendra ce soir chercher Kunisado, notre huitième et dernière fille ? répond le vieillard d'une voix brisée.

– Quel dragon ? demande Susanoo. Expliquez-vous, vieil homme !

– Hélas ! Le dragon à huit têtes dévaste notre région depuis bien longtemps. À chaque printemps, il dévore une jeune fille. J'avais huit filles, toutes belles et gracieuses. Ce monstre en a déjà avalé sept et notre pauvre petite Kunisado va subir ce soir le même sort… Nous n'aurons plus d'enfants. Nous n'aurons jamais de petits-enfants pour garder vivant notre souvenir... Jamais.

– À quoi donc ressemble ce dragon ? s'exclame Susanoo indigné.

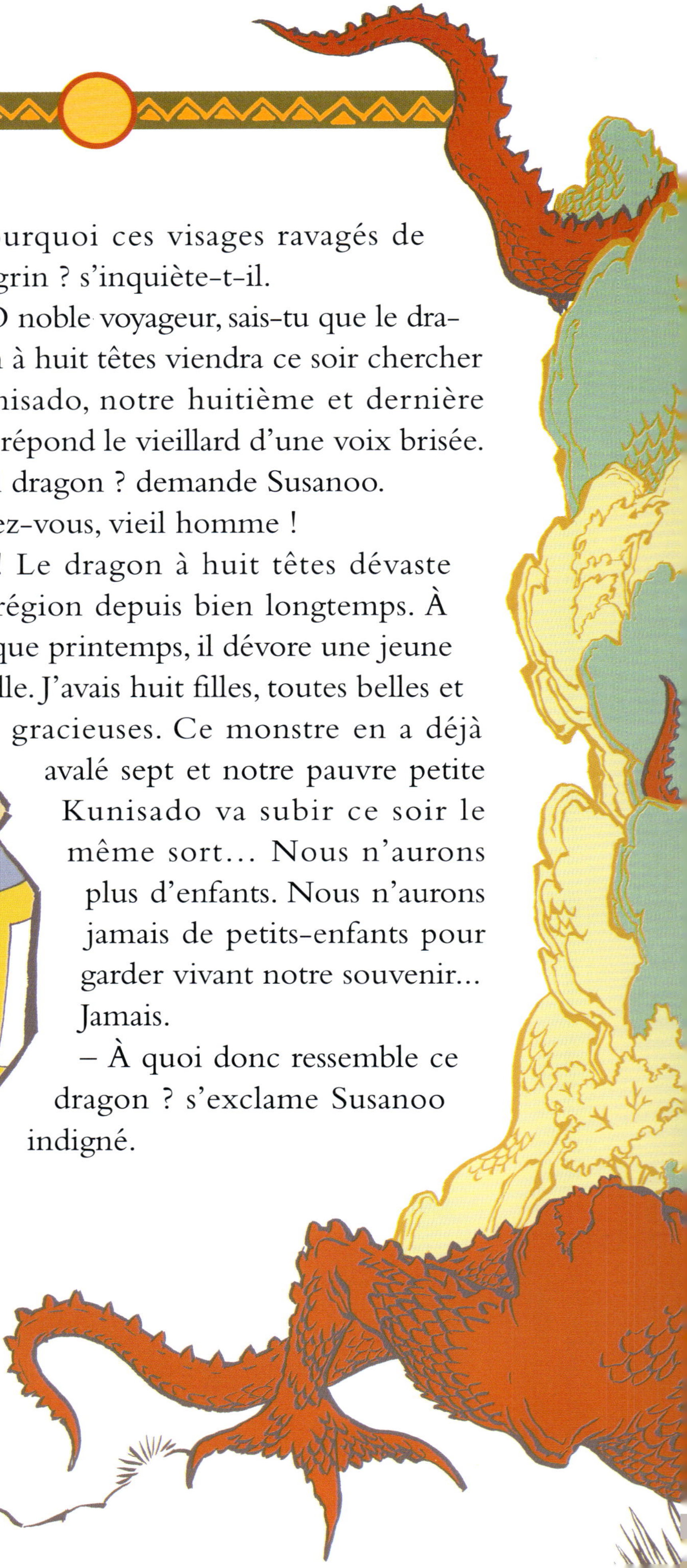

– Son corps immense, couvert de mousses, de pins et de cèdres, s'étend sur huit collines et huit vallées. Ses huit têtes et ses huit queues s'agitent en un bruit de tonnerre. Ses huit paires d'yeux rouge cerise brillent comme des braises et ses gueules crachent du feu...

Toute frissonnante, Kunisado implore du regard le bel inconnu. Susanoo admire sa beauté, la douceur de son regard, le velouté de sa peau.

– Vieil homme, donne-moi ta fille en mariage et je saurai la protéger, propose-t-il.

Surpris, le vieil homme interroge Susanoo sur sa naissance. Même en de telles circonstances, il n'accorderait pas sa fille en mariage à n'importe qui !

– Je suis Susanoo, fils d'Izanagi et d'Izanami, les dieux créateurs du monde. Je suis le dieu des Tempêtes, frère de la déesse du Soleil. Je suis l'un des huit millions de dieux. Je suis…

Susanoo se garde bien de raconter toute son histoire. Il n'avoue pas qu'à la suite de ses nombreuses bêtises il fut chassé du ciel et condamné à vivre sur Terre.

Les deux vieux discutent longuement et, enfin, acceptent cette alliance. Le cœur de Kunisado s'emballe, ses joues rosissent de bonheur. Elle aspire l'air parfumé, oubliant ivre d'espoir le monstrueux dragon.

Alors Susanoo lui tend la main, récite une formule magique connue de lui seul et transforme la jeune fille en peigne aux belles dents qu'il enfouit dans ses cheveux.

– Ne soyez plus inquiets, dit-il aux deux vieux. Maintenant que votre fille est en sécurité, je vais affronter le monstre.

Susanoo n'a peur de rien, mais il sait qu'un seul sabre contre un monstre à huit têtes est insuffisant. Seule la ruse en viendra à bout.

– Construisez immédiatement une clôture en bois autour de votre maison, ordonne-t-il aux deux vieux. Percez-y huit portes et, devant chacune d'elles, posez huit vases emplis de saké, votre meilleur alcool de riz.

Les vieillards obéissent. Ils prient en silence les divinités protectrices des chemins capables d'arrêter le monstre. L'attente est longue… Caché derrière un saule aux feuilles argentées, Susanoo caresse délicatement son peigne aux belles dents. Il rêve à sa bien-aimée.

Soudain, seize lumières rouges, les seize yeux du dragon, surgissent dans la nuit.

Branches cassées, ponts détruits,
le monstre approche
dans un effroyable vacarme,
écrasant tout sur son passage.

Affamé, il court vers la maison de la tendre jeune fille. Lorsqu'il s'arrête devant la clôture, une délicieuse odeur de saké flatte ses énormes narines. Troublé, il plonge avec délice ses huit têtes au fond des huit vases. Il boit tant et tant qu'il s'enivre. Il s'enivre tant et tant qu'il s'effondre, endormi.

Alors, silencieusement, Susanoo enfonce son sabre dans le flanc gauche du monstre. Le dragon agite ses queues, remue ses têtes, soulève son corps blessé, grogne mais ne se réveille pas. Susanoo contourne la bête et plante son sabre dans son flanc droit.

Le sang du dragon coule à gros bouillons. L'animal bouge un peu mais ne se réveille toujours pas. Susanoo enfonce alors son sabre au milieu du corps monstrueux. La lame se brise en un claquement sec.

Les huit têtes remuent mollement et retombent sur le sol en un bruit flasque : le dragon aux huit têtes est vraiment mort !

Susanoo peut enfin libérer sa belle : il tire de ses cheveux le peigne aux belles dents, récite une formule magique et retrouve Kunisado encore plus belle que dans son souvenir. Il l'admire. Elle lui sourit. Près d'eux, les fleurs de pêcher s'ouvrent délicatement.

Les jeunes amoureux saluent les deux vieillards avec respect puis ils s'éloignent

tandis que le clair soleil de l'aube illumine les jardins. Ils partent vers le palais du dieu au cœur de l'épaisse brume qui le protège des regards indiscrets. Ils y vivent encore, dit-on, ils y vivent heureux entourés de leurs nombreux enfants.

LE MINOTAURE

illustré par
DANIEL HÉNON

À la mort du roi de Crète, ses fils se disputent violemment le trône.

– Les dieux me destinent le royaume, affirme Minos l'audacieux. Regardez, ils m'accordent tout ce que je demande !

Minos entre alors dans le temple de Poséidon, le dieu de la mer.

– Ô grand Poséidon, qu'un taureau jaillisse de la mer. Que mes frères et tous les Crétois voient ta puissance. En remerciement, je te sacrifierai l'animal ! Ô Poséidon, montre ta volonté ! Aide-moi !

Aussitôt, dans un moutonnement d'écume blanche, un taureau d'une grande beauté surgit des flots.

Fou de joie, Minos regarde ses frères s'incliner devant lui… puis il monte sur le trône et se met au travail. Les jours suivants, il oublie, ou fait semblant d'oublier, sa promesse. Il ne sacrifie pas le taureau à Poséidon et l'envoie paître avec ses troupeaux.

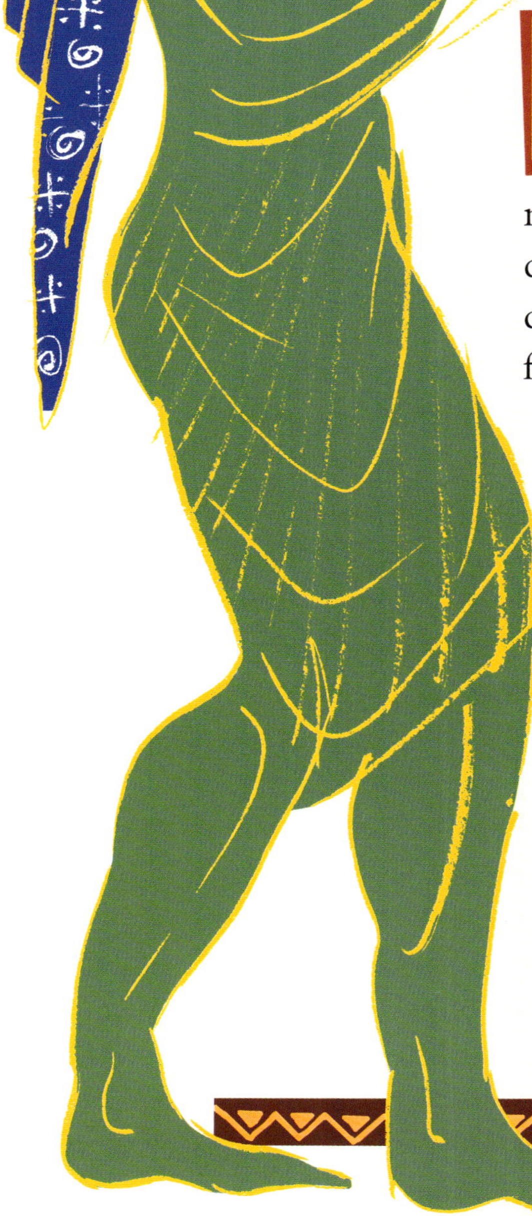

Ce jeune roi a la mémoire bien courte, hurle Poséidon fou de rage. Que mon taureau aux formes parfaites devienne furieux ! Que la femme de Minos, la belle Pasiphaé, tombe follement amoureuse de lui !

Le dieu est aussitôt obéi. Cet amour semble bien étrange, mais c'est ainsi. Minos s'inquiète peu de la tendresse qui unit sa femme au taureau, jusqu'au jour où Pasiphaé met au monde un monstre. Le fruit de ses amours avec le taureau divin a un corps d'homme et une tête de taureau.

On l'appelle le Minotaure.

Effrayé et honteux, Minos court au temple, prie Poséidon, implore son pardon... Un pesant silence lui répond. Alors, il convoque Dédale, son meilleur architecte.

– Aide-moi, lui ordonne-t-il. Construis un bâtiment composé d'un tel enchevêtrement de salles et de couloirs que celui qui y pénétrera ne pourra jamais en sortir. Dans ce labyrinthe, j'enfermerai le Minotaure.

Dédale obéit et bientôt l'horrible bête, mi- homme, mi-taureau, erre solitaire et affamé dans son palais sans issue. Puis, Minos reprend sa vie de roi. Ce bon roi travaille beaucoup, rédige des lois remarquables, mène bien des guerres et s'empare de nombreuses îles et cités glorieuses.

De victoire en victoire, Minos exige toujours plus des peuples vaincus. Aux Athéniens il ordonne que, tous les trois ans, sept jeunes hommes et sept jeunes filles quittent Athènes, franchissent la mer jusqu'en Crète et entrent sans arme dans le Labyrinthe pour être dévorés par le Minotaure !

Sort cruel !
Chacun sait qu'il est impossible de tuer à mains nues un tel monstre, chacun sait qu'on n'en ressort jamais vivant.

Les années passent... Les Athéniens s'apprêtent à envoyer des jeunes gens pour la troisième fois vers la Crête. En ville, la colère gronde. Égée, le roi d'Athènes, ne sait que faire. Soudain, son fils unique, le prince Thésée, se porte volontaire pour partir.

- Je tuerai le Minotaure, jure-t-il devant la foule. Soyez sans crainte, dans quelques jours le monstre sera mort !

– Mon fils, s'inquiète le roi, te rends-tu compte du danger ?

– Mon père, je tuerai ce monstre, affirme de nouveau le prince.

– Puisque ta décision est prise, dit le roi ému par sa jeunesse et son courage, voici deux jeux de voiles pour ton navire.

Utilise les voiles noires pour le voyage aller, qui est si funeste, et les voiles blanches pour le retour, qui sera joyeux.

**N'oublie pas de hisser
les voiles blanches si tu reviens
sur le bateau. N'oublie pas...**

Pendant le voyage, les jeunes Athéniens tremblent en pensant au Minotaure. Seul Thésée n'a pas peur.

Arrivé en Crète, Thésée remarque sur le rivage la princesse Ariane, une des filles de Minos. Il la trouve fort belle et elle le trouve magnifique. Elle ne veut pas qu'il soit dévoré par le Minotaure et décide d'aider celui qu'elle aime déjà. Elle pâlit en pensant à la fureur de son père…
– Prends cette pelote de fil, propose-t-elle au prince.

Quand tu seras
dans le Labyrinthe,
déroule-la tout au long
de ton chemin.
Ainsi tu retrouveras
la sortie.

Mais promets-moi de m'emmener avec toi et de m'épouser.

– Attends-moi, douce princesse. Je tue ce monstre et t'enlève aussitôt. Tu seras ma femme, murmure Thésée. Je te le promets.

Sans hésiter, le jeune homme, suivi par les Athéniens, entre dans le Labyrinthe la pelote à la main. Il marche d'un pas ferme quand, soudain, au détour d'un couloir obscur, il aperçoit le monstre.

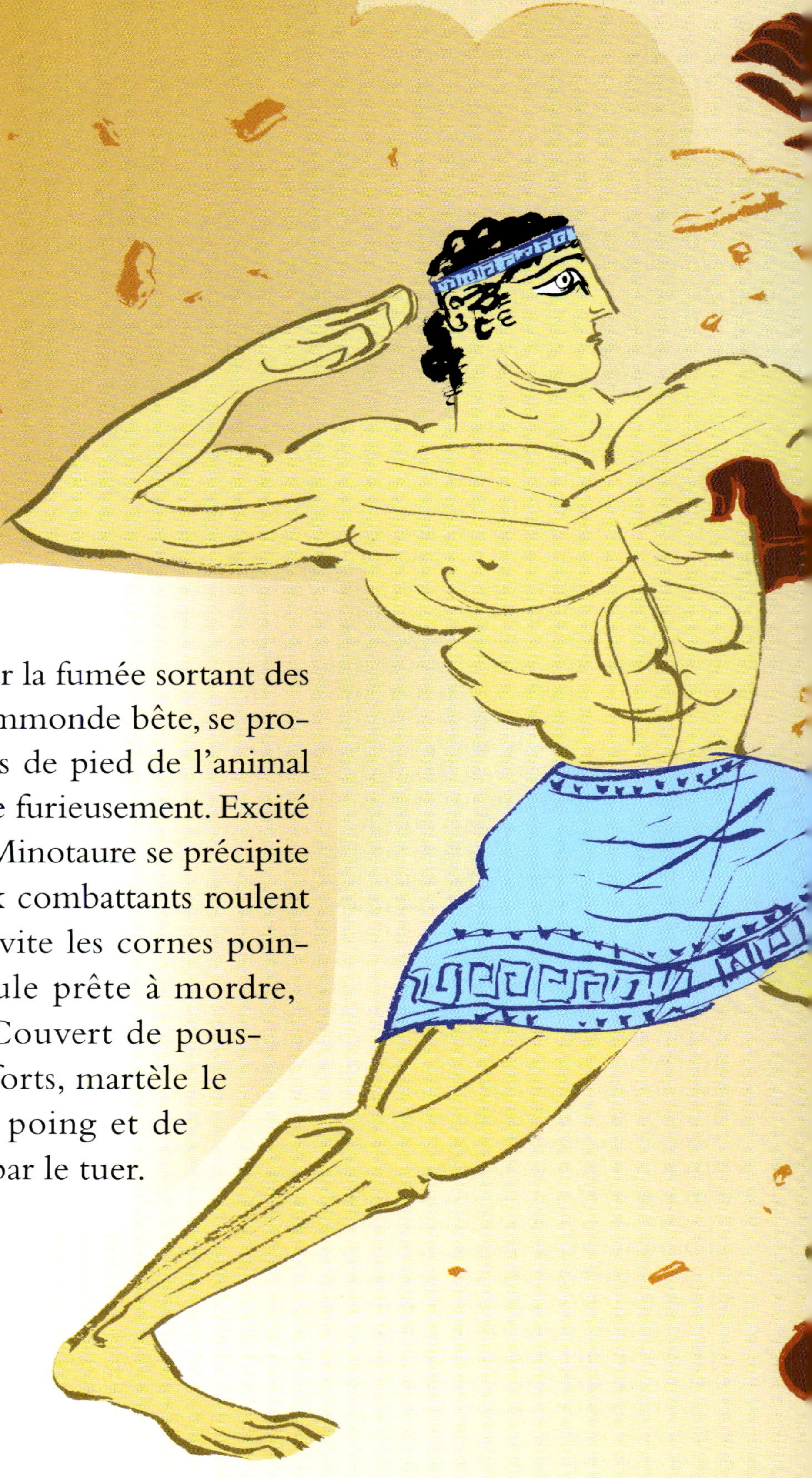

Thésée, brûlé par la fumée sortant des naseaux de l'immonde bête, se protège des coups de pied de l'animal affamé qui racle la terre furieusement. Excité par la chair fraîche, le Minotaure se précipite sur sa proie... Les deux combattants roulent sur le sol. Le prince évite les cornes pointues, repousse la gueule prête à mordre, ignore ses blessures. Couvert de poussière, il redouble d'efforts, martèle le monstre de coups de pied et finit par le tuer.

Enfin, le Minotaure est là, à ses pieds, anéanti.

Pour sortir du Labyrinthe, Thésée suit le fil de sa pelote qui court le long de salles vides et de couloirs tortueux et retrouve ainsi son chemin. Il tire le Minotaure par l'oreille et l'abandonne devant la porte où l'attend la belle Ariane. Minos verra ainsi que le monstre est mort !

Craignant la colère du roi, Thésée, Ariane et les jeunes Athéniens se précipitent au port, sabordent les navires crétois pour ne pas être poursuivis, embarquent sur leur vaisseau, hissent la voile et gagnent la haute mer.

Le soir même, le cœur en fête, ils font escale dans la jolie petite île de Naxos. Le Minotaure est mort ! Athènes est sauvée !

Le lendemain, à peine éveillée, Ariane aperçoit à l'horizon le navire aux voiles noires. Elle est seule. Thésée l'a abandonnée. Bientôt, Dionysos, le dieu du vin, arrive sur son char attelé de panthères. Fasciné par la beauté de la jeune femme, il l'épouse. Ariane a perdu un prince mais gagné un dieu !

Pendant ce temps, le navire de Thésée fonce vers Athènes. Comme il oublia la promesse faite à Ariane, il oublie celle faite à son père…
Depuis des jours et des nuits, le roi Égée, fou d'inquiétude, scrute en vain l'horizon. Il attend son fils unique. Enfin, il aperçoit le bateau. Les voiles noires, signe de malheur, flottent au vent. Croyant Thésée mort, désespéré, il se jette à la mer et se noie.

En souvenir de lui, cette mer porte son nom : on l'appelle la mer Égée.

Conception graphique et réalisation:
RAMPAZZO ET ASSOCIÉS
Mise à la couleur: Virginie Fauré

ISBN : 2-7324-2399-8
Dépôt légal : septembre 1998
Imprimé en Belgique par Proost

Pendant ce temps, le navire de Thésée fonce vers Athènes. Comme il oublia la promesse faite à Ariane, il oublie celle faite à son père…
Depuis des jours et des nuits, le roi Égée, fou d'inquiétude, scrute en vain l'horizon. Il attend son fils unique. Enfin, il aperçoit le bateau. Les voiles noires, signe de malheur, flottent au vent. Croyant Thésée mort, désespéré, il se jette à la mer et se noie.

En souvenir de lui, cette mer porte son nom : on l'appelle la mer Égée.

Conception graphique et réalisation :
RAMPAZZO ET ASSOCIÉS
Mise à la couleur : Virginie Fauré

ISBN : 2-7324-2399-8
Dépôt légal : septembre 1998
Imprimé en Belgique par Proost